# La máquina de fabricar besos

### Agnès de Lestrade
### Charlotte Cottereau

Tramuntana

Cornelio era un viejecito
que no había descubierto **el amor**.
A veces se sentía solo y triste.

Entonces, se dedicaba a inventar:
semillas voladoras, rastrillos mellados,
flores con ruedas, jardines de pompas de jabón...

Pero un día, con un trozo de **cuerda**, **clavos** y papel, Cornelio creó una máquina de fabricar **besos**.

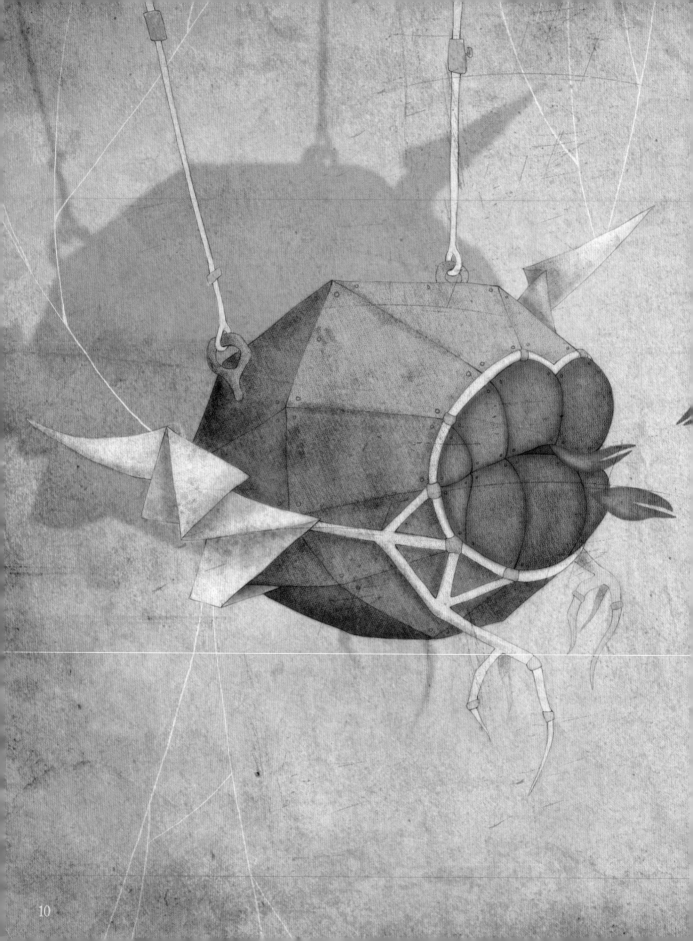

De ella salían miles y **miles** de besos.
Volaban por los aires, daban vueltas
empujados por el viento y después
se **sentaban** tranquilamente en un banco.

La **gente** los atrapaba y los regalaba.
Los niños se los comían porque los **besos**
eran dulces como el azúcar.

Un día, todos los besos se juntaron
encima de una casa. Era la casita de Gala,
una viejecita que todos decían que era una bruja.

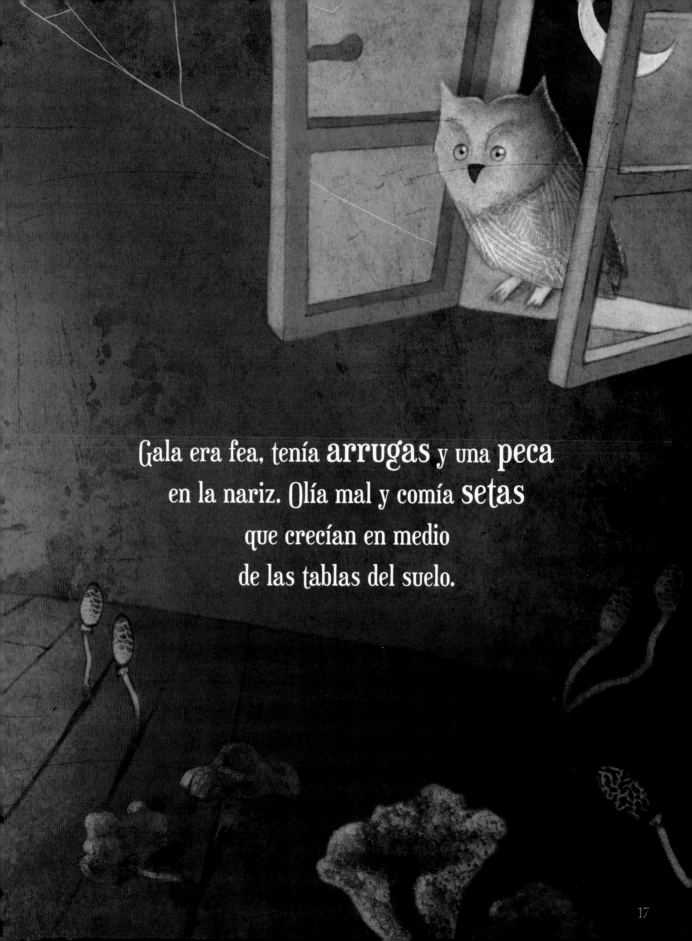

Gala era fea, tenía arrugas y una peca
en la nariz. Olía mal y comía setas
que crecían en medio
de las tablas del suelo.

Encima de la **casita** de madera de Gala,
los **besos** empezaron a reír y a cantar.
Primero muy bajito y luego cada vez más fuerte.

—¡Largaos de aquí antes de que
os convierta en cardos! —gritó la **bruja**.

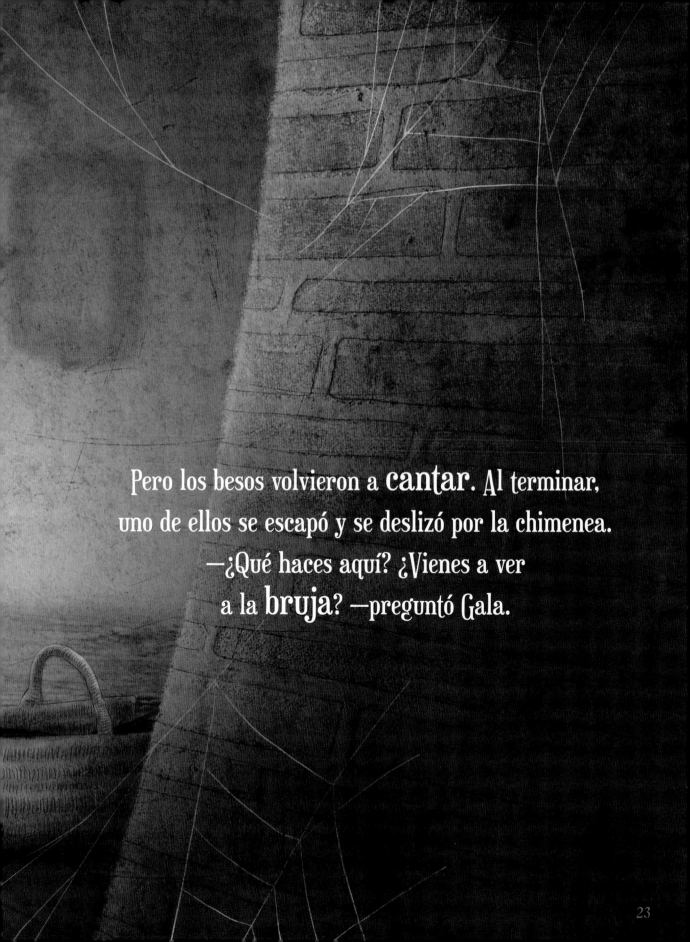

Pero los besos volvieron a **cantar**. Al terminar,
uno de ellos se escapó y se deslizó por la chimenea.
—¿Qué haces aquí? ¿Vienes a ver
a la **bruja**? —preguntó Gala.

El beso no dijo nada. Se **acercó** a ella
lentamente y se posó **suavemente** sobre su brazo.

En aquel instante, Gala se transformó en
una preciosa viejecita de cabellos azules
y con una sonrisa **encantadora**.

—Gracias, besito —dijo con una voz **dulce**—.
Cuando era **joven y bonita**, un brujo me lanzó un hechizo
porque no quise casarme con él...

Gala se miró al espejo:
«Es verdad, me he hecho **vieja**,
ya no soy tan bonita como antes.
¡Pero tengo muchas **historias** que contar!»

Gala salió de su casa.
—¡No es una bruja! —gritaron los niños—.
¡Es una abuela muy simpática!

Y Gala empezó a contar su vida.
—¡Otra, otra! —le decían todos.
Y así Gala se convirtió en la **cuentacuentos** del pueblo.
Llegaban de todo el **país** para escuchar sus historias.

Y, claro está, su cuento **preferido** era... ¡la máquina de fabricar besos de $\text{Cornelio}$!